AF410290

MI CUERPO EN POSITIVO

Guía para chicas adolescentes:
Descubre cómo Amar tu Cuerpo, Aumentar
tu Autoestima y Aprender a Quererte

Elisabeth Martin

ISBN 978-9916-746-57-8

«Si no cuidas tu cuerpo, ¿dónde vas a vivir?»

ÍNDICE

¡Un regalo solo para ti!

¿Te gustaría leer **mi próximo libro completamente GRATIS**? ¡Escanea el código que aparece debajo y **apúntate a mi club de lectores**!

Te esperan grandes sorpresas: sé el primero en leer mis nuevos lanzamientos, escucha mis audiolibros de forma gratuita, consigue copias firmadas y dedicadas... ¡y mucho más!

PRESENTACIÓN

Te lo voy a decir sin rodeos: hasta que no hagas las paces con tu cuerpo, no empezarás a vivir.

Así de claro. ¿Fácil? Para nada. ¿Por qué? Porque la inmensa mayoría de nosotras nunca nos hemos aceptado físicamente. Es decir: cuando éramos niñas pequeñas, sí, porque no sabíamos que se podían tener complejos. Cuando teníamos cinco años no analizábamos nuestro cuerpo en búsqueda de errores. ¡Menudo chorrada! Nuestro cuerpo eran un conjunto de partes geniales que nos servían para jugar, correr, divertirnos, cantar, bailar, hacer caca... Y solo nos venía el bajón cuando teníamos fiebre o nos caíamos en el parque y nos rascábamos las rodillas.

Pero a partir de cierta edad –once, doce años–, la cosa se torció: entramos en un mundo donde, al parecer, éramos imperfectas, y eso era un GRAN problema.

Sí, la imperfección es un problemón. ¿Por qué no podemos ser perfectas en todo? Estatura perfecta, peso perfecto, pelo ideal, nariz impecable… Eso nos quitaría mucha presión de encima. El asunto está en que eso no existe. No existe la perfección, nunca ha existido. Es una palabra para describir lo inalcanzable. Sí, puedes ser o hacer determinadas cosas perfectas: yo misma, ayer, hice una tortilla perfecta. Y considero que el tamaño de mis orejas es perfecto. Pero ya está. Lo de ser perfecta toda yo, por dentro y por fuera, está muy lejos de la realidad. Y, si te digo la verdad, me importa un pepino.

¿Por qué me importa un pepino? ¿Es porque, como ya soy una mujer de treinta y pico, he dejado de tener complejos? No, no es por eso.

La mayoría de las mujeres arrastran sus complejos desde la adolescencia hasta pasados los cincuenta años, y algunas nunca los sueltan. Pero a mí me importa un pito porque, por fin, y después de muchos años de pensar en tonterías (sí, TONTERÍAS), he hecho las paces con mi cuerpo.

Hacer las paces con el propio cuerpo implica aceptarlo tal y como es. Y ojo: aceptarlo no significa estar encantada. Aceptar no es igual a gustar. Aceptar es comprender que esa es la realidad que tienes ahora mismo. Yo he aceptado mis muslos demasiado gruesos y mis pistoleras, y no porque me gusten. Siguen sin gustarme muchas partes de mi cuerpo. Pero acepto que la realidad es esta y no me martirizo por ello.

Qué es realmente la autoaceptación

La autoaceptación significa sentirse a gusto y en paz con una misma, tanto en el plano físico como en el plano de personalidad y emocional, sabiendo que hay defectos y rasgos que no nos gustan o habilidades que no se nos dan bien. Es reconocer que somos personas válidas, ¡muy válidas!, con nuestras fortalezas y debilidades, sin juzgar unas más duramente que las otras.

Si tienes este libro en tus manos es porque estás harta de sufrir ante el espejo. De sentir vergüenza, envidia, rabia, impotencia, lo que sea, por cómo es una parte de ti. Y porque te gustaría dejar de angustiarte y enfocarte en las cosas que te llevarán a una vida más plena. ¿Por qué no probar conmigo?

Como he dicho al inicio, empezamos a vivir cuando hacemos las paces con nuestro cuerpo. Y eso no se consigue de un día para otro. A veces necesitamos un poco de ayuda.

Así que este libro es para ti si:

- Te gustaría ser más guapa, más alta, más delgada, más joven, etc., y piensas en ello con frecuencia.

- Te da vergüenza ir a la playa o mostrarte desnuda en los contextos apropiados (ducha del gimnasio, intimidad sexual, médico, etc.).

- Siempre estás pensando en que deberías hacer dieta, probar otros ejercicios, otro gimnasio, más horas de entrenamiento, etc.

- Te sientes culpable por muchas razones.

- Tienes complejos que te martirizan.

- Si pudieras pedir un solo deseo, sería un cambio físico.

- No te interesan demasiado las metas o proyectos profesionales o personales, solo quieres ser más alta y no tener celulitis.

- Te comparas continuamente con otras mujeres.

En cualquiera de estos casos, te estás negando y castigando inútilmente. Y esto no puede ser.

Este libro te ayudará a entender qué cosas merecen tu tiempo y energía en relación a tu propio cuerpo y qué cosas, no. La vida es mucho más que torturarte porque no eres físicamente como te gustaría o como se supone que deberías ser.

Debemos aprender a vivir en paz con nosotras mismas. Solo así alcanzaremos nuestras metas vitales o, simplemente, disfrutaremos de una maravillosa vida que, como decía un viejo anuncio de mayonesa, no está hecha para contar calorías. Si me acompañas a lo largo de las siguientes páginas, te mostraré cómo lograrlo.

¡Vamos allá!

Elisabeth

1.
La verdadera autoaceptación

*«I'm learning to accept myself. I'm still in the process of
learning to love who I am»*

— Dua Lipa

En presentación he introducido el concepto de
la autoaceptación. Vamos a insistir en ello
porque es básico.

Autoaceptarse es entender que es inevitable
tener defectos y cometer errores, ya que
FORMAN PARTE DE LA PROPIA EXISTENCIA. Y
que, a pesar de los defectos, los errores, los
puntos débiles o lo que sea que tengamos,
podemos seguir viviendo y creciendo en paz.
Pero ojo: la autoaceptación no es una invitación
a tirarnos en el sofá a ver la vida pasar. No es

pensar: «Total, me acepto pase lo que pase. ¡Para qué esforzarme!».

La autoaceptación NO es conformarnos ni resignarnos. Al contrario: es el punto de partida desde el que crecer. Igual que una mamá puede reñir a su niño cuando se porta mal y, aún así, no dejar de amarlo y respetarlo, tú puedes crecer y mejorar un poco cada día, y eso no es incompatible con aceptarte tal cual eres hoy.

Y tras la autoaceptación, ¿qué?

Quizás pienses: «Muy bien, me acepto como soy, con todos mis defectos en primera fila. ¿Y ahora, qué?».

Como te decía, la autoaceptación es el primer paso para crecer y ser felices. Es el camino hacia una mejor versión de nosotras mismas. Y esa mejor versión NO es para gustar a los demás ni obtener la aprobación de nadie, sino para construir una vida que nos encante a nosotras y que vaya acorde con nuestros valores y nuestra forma de ser.

La autoaceptación sirve para cambiar el reproche hacia nosotras mismas y el sentimiento de culpa por una mentalidad más sana y positiva. Solo desde la autoaceptación podemos plantearnos proyectos, estilos de vida, carreras profesionales y metas que nos lleven a la plenitud. Porque no se trata de ser perfectas, sino de ser auténticas, de ser fieles a nosotras mismas. Nuestro valor no se mide por la apariencia exterior, sino por qué hacemos con nuestra vida.

Voy a explicártelo con un ejemplo personal: como ya te he dicho, no me gustan nada mis muslos: son demasiado gordos, tienen celulitis, no están tersos. Acepto que esta es la situación que tengo ahora mismo. ¿Qué puedo hacer? Tal vez plantearme hacer más deporte, ¿no? Bien. Pero mi ritmo de vida (entre el trabajo, mi hijo, que es muy pequeño aún, la casa, la pareja, etc.), no me permite sacar más horas para dedicarlas al deporte. Así que, por ahora, y hasta dentro de algunos meses, no me puedo permitir pasar más tiempo en el gimnasio. Una vez revisadas mis obligaciones y mis prioridades, acepto que, en este momento, la cosa está así porque tengo responsabilidades más importantes que reducir el diámetro de mis muslos.

¿Qué hago durante este tiempo que no puedo hacer todo el deporte que me gustaría? Pues no martirizarme cada vez que veo mis muslos, porque sé que la realidad de mi vida en este momento no me permite dedicarles más tiempo. Eso es aceptarme y aceptar la realidad.

Y con eso también acepto que a otra gente pueden no gustarle mis muslos, mi cara o mi pelo. Hay más de ocho mil millones de personas en el mundo, es imposible gustar a todas.

Tu cuerpo está bien

La especie humana es la única del mundo que pasa gran parte de su existencia avergonzada por su propio cuerpo. Incluso cuando éste no tiene ningún problema de funcionamiento y está sano.

Pero no nos parece suficiente: para ser felices, deberíamos tener las piernas más largas, el vientre más plano, la nariz más pequeña o el pelo más frondoso. ¿Te das cuenta de lo injustas que somos con nosotras mismas? Yo no niego que algunas cosas nos harían más atractivas. Ya te he hablado de cómo me gustaría que fueran mis muslos. Pero nuestras imperfecciones físicas no deben impedir que reconozcamos el gran valor que tiene nuestro cuerpo y lo agradecidas que le deberíamos estar por permitirnos vivir.

Nuestro organismo hace posible el milagro de la vida. ¿Y de verdad lo más importante para nosotras es el tamaño de nuestra nariz?

No estábamos allí cuando nos crearon

Por otra parte, nuestro físico no es nuestra responsabilidad. ¿Y sabes por qué? Porque nosotras no estábamos allí el día que nos crearon.

Cuando el embrión que dio paso a nuestra persona empezó a desarrollarse en el útero de nuestra madre, ya llevaba toda la información genética necesaria. Y esa información genética ya había «decidido» de qué color iba a ser nuestra piel y nuestros ojos, qué estatura tendríamos, qué tipo de cuerpo y todos los demás aspectos susceptibles de crearnos complejos. Nadie nos pidió la opinión porque la biología no funciona así.

Entonces, ¿por qué nos culpabilizamos por algo que no hemos hecho nosotras? ¿Cómo podemos avergonzarnos por un cuerpo que nos tocó en la lotería genética y que no pudimos elegir? Es como si empezáramos a trabajar en una gran compañía y tuviéramos que dar explicaciones por las decisiones de los anteriores jefes, cuando nosotras ni siquiera estábamos allí.

Es absurdo sentirnos mal por algo en lo que no tuvimos nada que ver. Apenas tenemos control sobre casi nada de nuestro cuerpo. ¿O es que bombeamos la sangre voluntariamente? ¿O tenemos la capacidad de mandar sobre nuestros riñones?

Nuestro cuerpo hace un montón de cosas sin pedirnos permiso, gracias a las cuales nos mantiene con vida y nos permite movernos, leer, soñar, alegrarnos y sentir amor. ¡Deberíamos contribuir a mantenerlo sano y fuerte, en vez de pensar en complejos!

Cómo hacer las paces con el espejo

«No puedo estar desnuda frente a un espejo sin intentar mejorar mi imagen, ya sabes, metiendo algo para dentro o girándome hacia un lado».

Esta frase la dijo hace varios años una actriz llamada Emma Thompson. Si tú eres como ella y como la mayoría de nosotras, estoy segura de que a ti también te decepcionan ciertas zonas de tu cuerpo cuando las ves en el espejo. Te gustaría tener más pecho, o menos, o con otra forma, lucir menos barriga, menos vello... ¡Serías TAN feliz si no tuvieras esos defectos, ¿verdad?!

Pues no.

Te diré un secreto: la gente que es feliz no es la más atractiva. De hecho, y aunque te cueste creerlo, no existe ninguna relación directa entre felicidad y belleza. NINGUNA.

La gente que es feliz con su cuerpo es la que lo asume con naturalidad, como parte de la vida y sin dramas. Es gente que se centra en sacar partido a lo que les gusta y funciona en su cuerpo y no se preocupa por lo que no puede cambiar o no le gusta.

Te propongo que, la próxima vez que te desnudes, te observes en el espejo durante unos minutos. Párate en las partes que te desagradan y acéptalas. ¿Cómo aceptar algo que odias? Pues porque ya hemos dicho que aceptar no significa gustar: aceptar solo significa que respetas lo que ves. Lo contrario sería negar la realidad.

Aceptarte frente al espejo es decir sin miedo: «Este es mi cuerpo. Esta es mi cara, estos son mis brazos, mis pechos, mi culo, mis pies. Ahora mismo son así, y yo lo acepto porque es la realidad».

Si repites este ejercicio cada vez que te plantas desnuda ante el espejo, notarás que tus emociones empiezan a cambiar: esas partes *tan feas* que tienes ya no te agobiarán tanto. Aprenderás a ser más compasiva y, poco a poco, disminuirá tu resentimiento hacia tu propio cuerpo. Además, cuanto menos resentimiento le tengas, más predispuesta estarás para cuidarlo.

Recuerda que tu cuerpo merece tu apoyo, no tu rechazo.

Sácate partido

Casi todos los profesionales del campo del crecimiento personal coincidimos en que debemos sacarnos partido, es decir, arreglarnos. Tal vez creas que esto contradice todo lo dicho sobre aceptarnos tal y como somos. Pero no es así.

Sacarnos partido significa mostrar respeto por lo que somos mediante el cuidado de nuestro aspecto físico. No es obsesionarnos con la perfección ni tratar de parecer lo que no somos. Sacarnos partido es un acto de autoafirmación. Es decirnos: «No soy perfecta, pero me arreglo porque es lo que mi cuerpo merece».

Deberíamos entender esto como una forma de honrarnos a nosotras mismas. Incluso los días en que estamos más bajas de ánimo o estresadas – yo diría que justamente esos días–, sacarnos partido hará que nos sintamos mucho mejor. Y no estoy diciendo gastar un dinero que no tenemos en tratamientos de belleza, peluquerías, ropa o lo que sea, ni tampoco obsesionarnos: estoy hablando de presumir de lo que nos gusta de nuestro cuerpo.

Todas tenemos partes que nos gustan, aunque sean pocas: una boca bonita, unas manos atractivas, una mirada interesante, unos brazos bien moldeados, unas piernas largas. Te propongo que localices esas partes en tu cuerpo y te las anotes en un lugar visible para ti. Y no seas modesta: lo que para ti quizás sea «normal», para otra persona puede suponer un privilegio.

Cuando tengas claras las partes de tu cuerpo que más te gustan, empieza por explotar esas partes: si tienes un pelo bonito, busca peinados que te favorezcan y explótalos. Si tus piernas están bien, lleva ropa que no lo oculte. Sé coqueta, y en vez de decirte: «¡Qué horror, soy demasiado bajita!», empieza a decirte: «Sí, la verdad es que no soy muy alta, pero qué ojos más bonitos tengo».

Si te acostumbras a sacarte partido, pronto verás más cosas atractivas que imperfecciones en tu cuerpo y te sentirás mucho más a gusto. Porque el simple hecho de dedicar tiempo a arreglarnos contribuye a sentirnos mejor, y es una forma muy poderosa de mostrar respeto por nosotras mismas.

La autoaceptación más allá del cuerpo

Igual que debemos aceptar nuestro cuerpo como parte de la realidad, debemos aceptar la realidad que nos rodea. Como siempre digo, aceptar no significa gustar, sino entender que hay cosas que son así y no siempre las vamos a poder cambiar.

¿Qué debemos aceptar de la realidad? Te pongo algunos puntos básicos:

- Nuestra parte emocional

No podemos controlar lo que sentimos, solo podemos aceptarlo. Aceptar las emociones, especialmente las negativas (tristeza, ira, rabia, vergüenza, asco…), no significa que nos gusten, sino que no podemos «no sentirlas»: solo podemos controlar cómo actuamos en consecuencia.

- Nuestra realidad actual

Sin aceptar la realidad no hay cambio posible. Si no aceptas el lugar donde vives, el trabajo que tienes ahora mismo, cómo es tu vecino o las responsabilidades que te han tocado, no podrás hacer nada. Porque solo conseguirás vivir amargada. Si aceptas que, ahora mismo, esto es lo que tienes, tu mente será más consciente de la realidad y estarás más dispuesta a encontrar posibles vías para mejorarla.

• Nuestro pasado

Aceptar el pasado significa entender no podemos volver atrás. El pasado no se puede cambiar, solo podemos modificar nuestra relación con él. A veces eso supone dejar ir, otras veces supone tomar nuevas acciones, o cambiar nuestros pensamientos o nuestra actitud. Pero todo empieza por aceptar que algo ocurrió y que nunca lo vamos a poder cambiar porque está en el pasado y nosotras ya no estamos allí y nunca podremos volver. El pasado es el lugar del que aprender, no el lugar donde vivir.

• Nuestro futuro incierto

A veces, el futuro da miedo. Sobre todo, esas partes del futuro que no podemos controlar, esas partes que se sitúan en el terreno de la incógnita y la incertidumbre. ¿Seremos felices?

¿Elegiremos bien a nuestra pareja? ¿Haremos bien en tener o no tener hijos? Nuestro trabajo, ¿es el adecuado? No tener todas las respuestas nos provoca emociones que no podemos controlar y que nos pueden llegar bloquear.

Sin embargo, dicen muchos expertos que no le tememos a nuestro futuro: lo que tememos en realidad es que se repitan los episodios dolorosos del pasado. No porque suceden los mismos hechos, sino porque se repite nuestra manera de afrontarlos. Así que debemos confiar en nosotras mismas y aceptar que hay siempre una parte del futuro que nunca podremos saber de ante mano.

Beyoncé: «If everything was perfect, you would never learn and you would never grow».

La Oración de la Serenidad

La Plegaria o Oración de la Serenidad[1] es una especie de lema espiritual sobre la aceptación. Va dirigido a Dios, aunque es igualmente útil para los no creyentes. Dice así:

«Dios, concédeme la serenidad para aceptar las cosas que no puedo cambiar, el valor para cambiar las cosas que sí puedo cambiar y la sabiduría para conocer la diferencia».

Esta plegaria es una invitación a mantener una mente tranquila acerca de nuestra realidad. Si dejamos de tomarnos de forma personal TODO lo que experimentamos, todo lo que sucede, todo lo que somos, estaremos más predispuestas a centrarnos en lo que podemos controlar (en nuestros actos), en vez de

---

1 Esta oración se atribuye al teólogo, filósofo y escritor estadounidense de origen alemán Reinhold Niebuhr. La frase ha tenido muchas adaptaciones, tal vez la más famosa es la de la asociación Alcohólicos Anónimos, que la tiene como lema.

preocuparnos por lo que no depende de nosotras o no podemos cambiar en este momento. Renunciar a controlarlo todo es un acto liberador y necesario.

A modo de ejemplo, aquí van algunas cosas sobre las que NO tenemos control:

- Las acciones, pensamientos y emociones de otras personas.

- Los sucesos naturales o sociales del mundo.

- La meteorología.

- Las pandemias.

- El universo.

- Los precios globales.

- Lo que hacen los peces en el mar.

- Lo que sentimos.

¿Qué cosas sí dependen directamente de nosotras?

- Nuestras acciones.

- Nuestra actitud.

- Nuestros pensamientos.

- Nuestras creencias.

- Nuestros hábitos.

Cuando renunciamos a controlar la realidad, conseguimos, entre otras cosas:

- Liberarnos de muchísima presión y estrés.

- Liberarnos de la ansiedad anticipatoria.

- Liberarnos de tener que encajar o cumplir con ciertas expectativas.

- Liberarnos de preocupaciones que no son importantes para nuestros intereses.

- Determinar la mejor decisión en cada situación que sí nos afecta.

- Interpretar los problemas de forma realista.

- Detectar las oportunidades.

Hacer nuestra parte

Cuando renunciamos a controlarlo todo y aceptamos la realidad tal cual es, podemos por fin centrarnos en hacer bien nuestra parte.

Voy a cerrar este capítulo con este punto contándote la fábula del colibrí[2]:

Dicen que, hace muchos años, hubo un gran incendio en la selva. Todos los animales empezaron a lamentarse y a huir despavoridos. Todos excepto uno: un colibrí que, en vez de huir, iba y volvía de un estanque con unas gotitas de agua en su pico que echaba a las llamas para tratar de apagarlas.

Al pasar por su lado, un guepardo se dio cuenta y le preguntó qué hacía. El colibrí contestó que estaba ayudando a apagar el fuego. El guepardo se rio y le contestó: «¿En serio crees que con tu minúsculo pico vas a poder apagar estas llamas?». Y el colibrí le respondió: «Yo sé que solo no podré apagar el fuego, pero es mi deber hacer mi parte».

---

2 Se trata de un cuento de tradicional guaraní, en Paraguay.

La aceptación de la realidad no significa no hacer nada ante una desgracia o mostrarnos impasibles ante el dolor de los demás. No significa volvernos insensibles ni egoístas. Significa no caer en el victimismo, en el dramatismo, en la impulsividad o en actos incoherentes y centrarnos en nuestra parte. Para eso, debemos dejar de quejarnos por lo que sucede en el mundo y centrarnos en cumplir con nuestra responsabilidad, sea la que sea, igual que hacía el colibrí.

2.
Autoestima y amor propio

«One day I had to sit down with myself and decide that I love myself no matter what my body looked like and what other people thought about my body»

— Gabourey Sidibe

Ya hemos hablado de la autoaceptación. Ahora te voy a explicar un par de conceptos parecidos: autoestima y amor propio.

Empecemos por el segundo. ¿Qué es el amor propio?

El amor propio es la convicción de que merecemos ser amadas por nosotras mismas, ahora y siempre, seamos como seamos. Es sentirnos personas válidas y dignas al margen de nuestros errores, nuestro aspecto o nuestras capacidades.

El amor propio es como un kit de bienvenida que la vida nos regala: cada individuo de este mundo tiene su kit, que es la capacidad de desarrollar su amor propio. No hay felicidad ni plenitud, ni siquiera paz mental, sin amor propio.

Tu historia de amor más importante

Eres la protagonista de la mayor historia de amor que vivirás nunca. Esta historia de amor la vas a vivir contigo misma. Con el amor propio.

Tal vez esto te parezca idealista o creas que una verdadera historia de amor implica a dos personas. Lo cierto es que vas a vivir una historia de amor contigo misma lo quieras o no lo quieras. De ti depende que esa historia de amor sea bonita, intensa y auténtica, o una farsa. Porque, como todas las relaciones amorosas, tendrá altibajos: habrá momentos de incertidumbre, de cansancio, de desánimo o de soledad. Es tu responsabilidad evitar que los golpes de la vida hagan que dejes de quererte a ti misma.

Eres una persona estupenda, ¿qué hay de malo en quererte? ¡No hay nada malo en ti! No eres insuficiente ni eres el prototipo de tu yo «definitivo», ni tienes demasiados problemas como para dedicarte amor. Eres suficiente ahora mismo. Debes amar tu vida y tu historia hasta el final y por encima de todo.

La autoestima no depende de tu aspecto

Pasemos ahora a hablar del otro concepto: la autoestima.

Actualmente, todo el mundo está de acuerdo en que la autoestima es imprescindible para una vida feliz y exitosa. Sin embargo, el hecho de saberlo no mejora el día a día de la mayoría de la gente, al contrario: ser conscientes de que deben construir una autoestima sana y comprobar que van pasando los años sin conseguirlo, las frustra y desanima aún más.

¿Y qué es exactamente la autoestima?

Nathaniel Branden[3] la define así: «La autoestima es la experiencia fundamental de que podemos llevar una vida significativa y cumplir sus exigencias. Más concretamente, podemos decir que la autoestima es la suma de:

1. La convicción de que tenemos derecho a atender nuestras necesidades básicas, a desarrollar nuestros propios principios morales, a decidir sobre las cosas que nos

---

[3] Nathaniel Branden fue un psicoterapeuta canadiense pionero en el estudio y desarrollo del concepto de la autoestima.

corresponde como individuos y a gozar del fruto de nuestros esfuerzos.

2. La confianza en nuestra capacidad de pensar y en nuestra capacidad de enfrentarnos a los desafíos básicos de la vida. Somos suficientes para ello.

3. El convencimiento de que tenemos el derecho a luchar por nuestra felicidad.

La autoestima consiste en valorar y reconocer lo que una es como individuo y lo que puede llegar a ser. Consiste en no olvidar nuestros derechos innegables y en tener la certeza de que, tal y como somos, somos suficientes para una vida plena.

Cómo se forma una sana autoestima

Durante los primeros años de nuestra vida, los responsables de nuestra autoestima son nuestros cuidadores: padres y madres, abuelos, profesores. De ellos depende que desarrollemos un primer apego sano que nos lleve a una autoestima saludable.

Sin embargo, eso no es determinante: como adultas, podemos construir una sana autoestima aún con un legado de nuestra primera infancia desfavorable. ¿Cómo construimos esa autoestima sana? Practicando la integridad personal.

«¿La qué?», tal vez te preguntes.

La INTEGRIDAD PERSONAL.

La integridad personal es la sintonía entre lo que decimos, lo que hacemos y lo que pensamos, tanto acerca de nosotras mismas como acerca de la realidad. Por ejemplo:

- Cuando nos respetamos a nosotras mismas (no nos maltratamos física ni emocionalmente), estamos practicando la integridad personal.

- Cuando actuamos de acuerdo con nuestro sistema de valores (somos coherentes con lo que creemos justo), estamos practicando la integridad personal.

- Cuando defendemos nuestros intereses sin abusar de los demás (no nos dejamos pisar), estamos practicando la integridad personal.

- Cuando nos comprometemos con un objetivo personal y actuamos en consecuencia (somos fieles a nuestros compromisos), estamos practicando la integridad personal.

- En cambio, cuando dejamos de ser consecuentes con lo que pensamos y sentimos (cuando nos traicionamos a nosotras mismas), empieza un malestar interno: nuestra conciencia nos avisa de que algo no cuadra. Ese algo es la integridad personal.

Cuanto más alineada esté tu vida con la manera que crees que debes vivirla (es decir: cuanto más fiel seas a ti misma), mejor autoestima tendrás. La INTEGRIDAD PERSONAL (y no nuestro cuerpo, nuestra inteligencia o nuestro dinero), es la base de la autoestima.

Lamentablemente, ser íntegras no nos garantiza la felicidad: hay factores externos que pueden impedirnos ser felices. Pero es el primer paso. Porque las personas que no son íntegras NUNCA SERÁN FELICES, por mucho que lo simulen.

Proteger nuestro amor propio

Como ves, las cosas realmente importantes en esta vida tienen muy poca relación con la estatura perfecta o el color de pelo. Sin embargo, a menudo lo olvidamos. Y eso es, en parte, porque hay factores de nuestro día a día que erosionan nuestro amor propio sin que seamos conscientes de ello. Una de estas cosas es, por ejemplo, la publicidad donde salen cuerpos perfectos. O la industria de la moda, que nos hace sentir que casi siempre vamos mal vestidas. O las expectativas de nuestra familia, que se decepciona si no tomamos ciertos caminos. O las rivalidades en el puesto de trabajo. Todas estas cosas nos harán dudar de nuestra valía y nos harán sentir inseguras. Y eso es así por la sencilla razón que no somos de piedra.

Así que aquí te voy a dejar una breve lista de cosas que podemos hacer para proteger nuestro amor propio en el día a día:

- Ser escépticas con la publicidad.

- Relativizar las modas de todo tipo (hablaremos de estos temas en el próximo capítulo).

- Controlar el impulso de comprar cosas.

- Combatir la envidia y las comparaciones tóxicas (por ejemplo, en las redes sociales).

- Celebrar los propios logros.

- Tener objetivos que impliquen esfuerzo y crecimiento personal e intelectual, es decir, más allá del bienestar físico.

- Practicar la gratitud.

Celebra tus victorias

Generalmente, prestamos mucha atención a nuestros errores y muy poca a nuestras victorias. Parece que nuestros logros sean lo normal, y nuestros errores, catástrofes de grandes dimensiones. Pero eso es muy injusto. Así que párate de vez en cuando y celebra las cosas que has conseguido hasta ahora.

¿Por qué es tan importante celebrar tus propias victorias? Celebrar un logro, triunfo o éxito tiene un impacto positivo en nuestro bienestar emocional. Nos aporta confianza en nosotras mismas y refuerza nuestros vínculos sociales y emocionales, ya que normalmente los logros involucran de forma positiva a otras personas.

Cualquier victoria personal es motivo de celebración, pero también el esfuerzo y el compromiso sincero, aunque no hayan llevado a la victoria. Está bien celebrar el tiempo que llevamos esforzándonos o implicadas en algo, aunque aún no hayamos terminado la «misión», o esa misión no pudo cumplirse.

Tampoco te limites a celebrar solo tus logros: alégrate por los logros de la gente a la que quieres. No tienes nada que envidiar a nadie si tú te estás esforzando por mejorar a diario. De hecho, la envidia más intensa la suelen sentir las personas que menos hacen (también suelen ser las que más se quejan), mientras que la gente que lucha con honestidad no suele sentirla.

¿Cómo celebrar un éxito?

La mayoría de las veces, cuando pensamos en celebrar un logro, pensamos en comprar algo: el premio suele salir de un centro comercial. Y está bien que sea así, pero también está bien que sean otras cosas.

Podemos celebrar un logro obsequiándonos con cualquier cosa que nos aporte un rato de bienestar: una experiencia nueva, una cena en un restaurante exótico, algo relacionado con nuestros hobbies, una suma de dinero destinada a un viaje… Lo importante es recordar por qué nos hemos ganado ese premio.

Si nos compramos un vestido nuevo, el regalo no es el vestido, es sentirnos bien cada vez que nos lo ponemos porque recordamos el esfuerzo que hicimos para conseguir ese logro.

Practicar la gratitud

Solemos pasar tanto tiempo estresadas por nuestros problemas que ignoramos las cosas buenas que tenemos en nuestra vida. Por eso es necesario dejar de mirarse el ombligo de vez en cuando y echar un vistazo a nuestro alrededor, no vaya a ser que lo malo nos impida ver y disfrutar de lo bueno.

Practicar la gratitud es ser conscientes de que tenemos cosas muy buenas por las que estar agradecidas a la vida. Dar las gracias, además, es un poderoso ejercicio que nos aporta muchos beneficios emocionales. Según los estudios que ha hecho el Dr. Emmons[4] con personas que

---

[4] El doctor Robert A. Emmons es un psicólogo estadounidense y profesor en la UC Davis de California especializado en la psicología de las emociones ligadas a la gratitud.

practicaban la gratitud de forma regular en un diario:

- Las personas que practican la gratitud se sienten mejor incluso físicamente y están más predispuestas a cuidarse y hacer ejercicio.

- Las personas que practican la gratitud consiguen más logros académicos, profesionales, personales y de salud.

- Las personas que practican la gratitud sufren menos estrés, ansiedad y depresión.

- Las personas que practican la gratitud tienen más predisposición natural a ser buenas personas y ayudar a los demás.

Tienes muchas cosas por las que estar agradecida. Y con esto no estoy quitando importante a tus problemas, a tus traumas o a tu tristeza. Pero si sufres por tus traumas, también deberías alegrarte por lo bueno. Es lo justo.

¿Y qué es lo bueno? A continuación, te dejo algunas cosas por las que podrías estar agradecida ahora mismo:

- Por algo bueno relacionado con tu aspecto físico.

- Por algo bueno relacionado con tu salud.

- Por algo bueno relacionado con tu trabajo.

- Por algo bueno relacionado con la gente que te rodea (familia, pareja, amigos, etc.).

- Por algo bueno acerca del lugar donde vives (por ejemplo, no hay guerras).

- Por algo bueno que te haya ocurrido este año, este mes, hoy.

- Por tener o haber tenido el amor de una pareja, madre, padre, amigos, etc.

- Por tener a X persona en nuestra vida.

- Por tener X cualidades.

Agradecer a la vida puede sonar más abstracto de lo que en realidad es. De hecho, es muy sencillo, y hay muchas formas de hacerlo. Por ejemplo: cada vez que te sientas triste por algo, añádele un «pero» con alguna de las cosas de la lista anterior. Te sientes humillada y triste cada vez que recuerdas cierto episodio del pasado, PERO agradeces a la vida X cosas.

3.
Mitos sobre la belleza femenina

*«To me, beauty is about being comfortable in your skin.
It's about knowing and accepting who you are»*
— Ellen DeGeneres

¿Sabías que en el Japón medieval las chicas solteras se pintaban los dientes de negro porque se percibía como algo atractivo? ¿Y que en muchas épocas la obesidad se consideró el súmmum de la belleza femenina?

Cada época y cada cultura ha creado sus propios ideales de belleza, y lo que hoy nos parece feo, en otras épocas era muy deseable. La belleza es un concepto subjetivo y cambiante, y depende de factores culturales, geográficos, étnicos, etc. Por eso no deberíamos lamentarnos porque nuestro cuerpo no coincide con el canon de la época que nos ha tocado vivir.

No somos estereotipos

No somos modelos, estereotipos ni maniquís en un escaparate: somos personas con mucho más que ofrecer que un cuerpo. Además, está demostrado que la atracción física se da al margen de la belleza normativa.

Si quieres comprobarlo por ti misma, haz el siguiente experimento: cuando te encuentres con un grupo de amigos/as en un lugar público, pregúntales cuál creen que es el hombre y la mujer más atractivos objetivamente de ese lugar. Verás que, probablemente, la mayoría de vosotros coincidáis.

Pero luego, pregúntales cuál es la persona que más les atrae sexualmente, al margen de si tiene un aspecto más o menos normativo, si es viejo, hombre o mujer. Verás como, en esta ocasión, las personas elegidas son muy distintas. Eso te demuestra que nuestros gustos existen independientemente de los estereotipos. Podemos coincidir con ciertos estándares de belleza, pero la forma de sentir la atracción es personal.

En este mundo hay unos seis mil millones de personas con gustos dispares: a algunas nos gustan altas, o bajas, o de piel oscura, o clara, delgadas, rollizas, con mucho pelo, con poco... Es IMPOSIBLE no resultarle atractiva a nadie.

¿La belleza es cosa de mujeres?

La belleza sigue siendo un atributo principalmente femenino. Eso lleva a muchas mujeres a dedicar tiempo, energía y dinero para ser más bellas, mientras que los hombres no se ven obligados a ello. La belleza se convierte entonces en otro mecanismo de presión que mantiene la desigualdad entre hombres y mujeres. Mientras que una mujer que no se tiñe las canas se la juzga de «dejada» o «poco atractiva», un hombre que no se tiñe las canas se ve atractivo o, simplemente, «natural».

El problema es que, mientras las mujeres se mantienen ocupadas en su imagen y en cumplir con las expectativas estéticas, quedan al margen de los espacios de poder y de la toma de decisiones, que queda en manos de los hombres.

La violencia estética

Se considera violencia estética a esa presión impuesta a las mujeres por los cánones de belleza, que lleva a la hipersexualización y la cosificación. La presión por mantenernos delgadas, jóvenes y atractivas nos lleva a sufrir problemas de autoestima y a desviarnos de los auténticos propósitos que nos harían felices.

Y esto no se da solo en la edad adulta: muchas niñas sufren también esa violencia estética y crecen sintiéndose insuficientes, inadecuadas, inseguras e inferiores a sus compañeros chicos.

La publicidad baja la autoestima

Conozco a varios publicistas y lo que suelo contar sobre la publicidad no les gusta nada. Y lo que suelo contar básicamente se resume en esto: la publicidad vende humo.

Es decir: los anuncios venden cosas reales, como coches, relojes, cremas o refrescos. Pero lo que envuelve esos artículos, la PROMESA de un cuerpo más joven o de mayor felicidad o de una vida más excitante, ESO es puro humo.

Está comprobado que, cuanto más sigues los dictámenes de la publicidad, más infeliz eres. ¿Por qué? Porque la publicidad no resuelve nuestros problemas, al contrario: nos crea otros nuevos. La publicidad nos genera más necesidades de las que nos cubre.

La publicidad es una máquina de generar frustración. Por supuesto que un buen perfume hace que huelas muy bien y tener un coche nuevo es mejor que tener uno hecho polvo. Pero ni te convertirán en una persona mejor ni harán que la gente te quiera más, ni detendrán el paso del tiempo ni eliminarán tus traumas del pasado.

Por eso, no hay que dejarse seducir por el marketing y hay que mantener las expectativas en el mundo real: lo único que puede hacer un perfume por nosotras es que olamos bien. Nada más. Ni seremos más felices, ni más jóvenes ni más perfectas.

La trampa de las revistas femeninas

Igual que los anuncios de la tele, las revistas de moda y belleza son una auténtica ventana al País de las Maravillas. Te muestran una «realidad» donde la perfección parece fácil y alcanzable: solo tienes que seguir tal dieta, o decorar tu casa de tal forma, o usar tal crema, y serás feliz. La trampa está en que las revistas están al servicio de las marcas, no de las lectoras. Te tratan como a una «amiga» a la que dan consejos, cuando en realidad la cantidad de información objetiva y relevante de esas revistas es menor del 10%. Lo demás es publicidad.

No te dejes deslumbrar: tu valor como persona está por encima de marcas, estatus o falsas expectativas.

La belleza normativa no es inocente

Hay otro asunto relacionado con la belleza normativa, y es que no suele ser arbitraria ni espontánea: hay intereses detrás. Y no hablo únicamente del negocio de los productos para adelgazar, hablo de la relación de la belleza con el poder.

Me explico: en Europa, la belleza se ha asociado tradicionalmente a la piel blanca. Curiosamente, las únicas personas que podían permitirse lucir la piel blanca siglos atrás era la aristocracia, la que no trabajaba en el campo de sol a sol. La piel blanca era deseable para todo el mundo, pero era posible solo para una élite. Esta identificación llegó a su punto álgido con las colonizaciones de África y América por parte de los europeos, cuando se relacionó la piel blanca con una raza «superior», que era la única con derecho a explotar a las demás.

A partir de 1950, cuando una gran parte del mundo Occidental ya trabajaba en sitios cerrados (fábricas, oficinas, etc.), se puso de moda el bronceado entre los ricos. Casualmente, eran los únicos que podían permitirse largas vacaciones en el mar y en las estaciones de esquí: otra vez, la belleza se asociaba a la gente con poder.

A día de hoy, cuando más expuestos estamos a la contaminación y la radiación solar, la belleza ideal pasa por tener la piel tersa, sin arrugas ni manchas hasta los sesenta años, algo casi imposible.

¿Te parece casualidad que la belleza normativa siempre esté en el lado opuesto al físico de la mayoría de nosotras? A mí, no. Creo que la belleza «normativa» se usa como mecanismo de control, reservándola a una minoría rica, pero presentándola accesible y deseable al resto. Es otra zanahoria delante del burro (nosotras) que vamos tras ella y nunca la conseguimos.

Los cánones de belleza son conceptos abstractos inalcanzables en la vida real y se usan para hacer negocio y ensanchar la brecha entre clases sociales. En este contexto, sentirnos a gusto en nuestro propio aspecto ES UN ACTO REVOLUCIONARIO.

Qué pasa si estoy gorda

No es fácil tener sobrepeso, y mucho menos ser obesa, en una sociedad tan gordofóbica como la nuestra.

La obesidad es un problema de salud y suele ser el resultado de factores hereditarios, fisiológicos y del entorno, combinados con la alimentación y el estilo de vida. Sin embargo, al ser tan visible, la obesidad acarrea problemas de autoestima y autoaceptación.

El primer paso para frenar los prejuicios es visibilizar esta condición y hablar de ello con conocimiento de causa. Se trata de una condición fisiológica que requiere seguimiento médico, no un «defecto».

Hay millones de personas obesas, y la mayoría se pregunta: «¿Por qué yo?». Pues bien, porque en la especie humana hay diversidad y a algunas les toca, como a otras les toca el exceso de vello o la sordera.

Las mujeres obesas y con sobrepeso tenemos los mismos derechos a vivir sin hostigamiento que cualquiera otra persona. Mientras hagamos nuestra parte (seguir las indicaciones médicas, hacer ejercicio, etc.), debemos dejar la vergüenza, la envidia y la culpa y seguir con nuestras vidas, que son igual de valiosas que las demás.

Body shaming

La gordofobia forma parte de lo en inglés conocemos como *body shaming.*

El *body shaming* es el acto de opinar abiertamente sobre el cuerpo de los demás sin venir a cuento. El *body shaming* genera complejos, vergüenza o humillación en la persona que recibe el comentario, y se basa en el principio equivocado de que está bien decirle a alguien lo que opinas sobre su aspecto sin que ese alguien te haya pedido la opinión, especialmente si ese alguien es un/a desconocido/a y recibe los comentarios por redes sociales.

El *body shaming* puede ser muy grosero o muy sutil, como las críticas que hay que leer entre líneas: «¿Hoy también comes hamburguesa? ¡Que suerte vivir tan despreocupada!».

¿Cuándo un comentario es *body shaming* y cuándo no lo es? Por norma general, yo desaconsejo hablar sobre el cuerpo de los demás. Ni siquiera en broma. Por otro lado, algunos expertos aconsejan aplicar la norma de los cinco segundos: Si la persona va a poder cambiar en cinco segundos, tal vez está bien decírselo. Por ejemplo: tiene una mancha de chocolate en la mejilla, o una pelusa enganchada en el pelo. Si lo que vas a decirle no se puede cambiar en cinco segundos (hace referencia a su complexión, estatura, peso, acné, forma de piernas, de pechos, etc.), entonces es mejor ahorrarte el comentario.

De lo que se trata es de cuidarnos todo lo posible para vivir y disfrutar con plenitud, no de pasar la vida castigándonos unas a otras y controlando nuestro aspecto.

Qué es la auténtica belleza

Llegamos entonces al centro de la cuestión. ¿Qué es la belleza? ¿Cómo consigo realmente ser bella y atractiva?

Tal vez te decepcione lo que te voy a decir, pero la belleza es actitud. Una persona bella es la que mantiene una actitud correcta hacia su vida, y eso pasa por lo que decíamos sobre la integridad personal y el mantenernos fieles a nosotras mismas. Por supuesto, es recomendable arreglarse, cuidarse y sacarse partido como acto que honra el cuerpo en el que vivimos. Pero NO perseguir un aspecto que no es el nuestro y que compromete nuestra salud. Ser bella no es vivir para el físico, a menos que seas modelo profesional.

La auténtica belleza reside en vivir la vida con una sonrisa serena, con optimismo, con motivación, con interés en construir una vida llena de significado y asumiendo que el paso del tiempo es parte inseparable de la condición vital humana.

¿Quieres ser atractiva? Relativiza la importancia de tu físico y empieza a priorizar la salud, los objetivos personales y profesionales, el bienestar emocional y las relaciones y experiencias significativas. Piensa en tu yo del futuro. Imagina qué pensarás cuando seas una ancianita de noventa años. ¿De qué estarás orgullosa? ¿De una vida interesante, auténtica y plena, o de que pasaste años amargada por tus complejos?

4.
Hábitos básicos de salud

«It is health that is real wealth, and not pieces of gold and silver»

— Mahatma Gandhi

Dicho todo esto, vamos a hablar de todo lo que sí podemos y debemos hacer por nuestro cuerpo. El autocuidado físico no solo es un acto fundamental de amor propio, también es nuestra obligación y demuestra nuestro nivel de madurez.

Para mantener un autocuidado básico de nuestro cuerpo no necesitamos tener la carrera de medicina, ni la publicidad, ni las revistas de tendencias en belleza ni las *influencers* de TikTok. De hecho, es algo de sentido común y se basa en cuatro pilares:

1. Cuidar la alimentación.

2. Hacer ejercicio.

3. Evitar hábitos y comportamientos tóxicos.

4. Seguir controles e indicaciones médicas.

¿Por qué nos cuesta tanto centrarnos en eso y olvidar lo demás? Creo que, en parte, es por la falta de recompensa a corto plazo. Vivimos en una sociedad inmersa en la gratificación instantánea, así que cenar verdura y comprobar que no sucede nada puede ser muy frustrante, mientras que cenar una pizza con doble queso es un placer inmediato. Además, te acabo de decir que debemos aceptar nuestro aspecto tal cual es. Entonces, ¿por qué no cenar pizza cada noche y que pase lo que tenga que pasar?

Porque una cosa es perseguir una belleza inalcanzable y otra cosa es respetar nuestra salud. De hecho, son cosas opuestas. Y del mismo modo que decíamos que está bien sacarse partido, debemos cuidarnos físicamente sin esperar levantarnos un día con el cuerpo de Margot Robbie.

Cuidar nuestra salud no es gratificante a corto plazo, es una inversión de futuro. Lo haces porque tu yo del futuro no tiene por qué pagar tu irresponsabilidad del presente.

Hay muchos factores que afectan a nuestra salud física. No podemos intervenir en todos, pero sí podemos intervenir en aspectos de nuestro estilo de vida como:

- El ejercicio físico regular.

- El tipo de alimentos que ingerimos.

- La forma de dormir y las horas de sueño.

- La frecuencia con la que bebemos agua.

- La exposición al sol.

- El déficit de algunas vitaminas.

- El uso de la tecnología.

- El tiempo libre (contacto con la naturaleza), etc.

La mayoría de nosotras no empieza a tomarse en serio eso de cuidarse hasta llegar a los cuarenta años. En cambio, nos gastamos mucho dinero en cosas irrelevantes que responden más a la presión estética y a la moda que nuestros intereses de salud.

El descanso correcto

Otra cosa que altera nuestro proceso es no descansar bien. Sabemos que el estrés forma parte de nuestro día a día, y más entre las mujeres. El estrés nos agota y dificulta nuestra concentración, pero, además, puede ser un causante del aumento de peso. ¿Cómo?

- Provocando que tengamos más ganas de picotear entre horas.

- Impulsándonos a ingerir azúcar por la necesidad de energía instantánea.

- Provocando sensación de hambre o insaciedad cuando no es así.

- Generando sensación de agotamiento físico, por lo que nos cuesta más hacer ejercicio.

- Impidiendo dormir bien, lo que provoca más estrés y crea un bucle.

Para mantenerte sana y vital, debes dormir las horas que tu cuerpo necesita, que para una persona adulta sana son entre 7 y 8 horas de sueño continuado.

Hábitos saludables

Para hablar de autocuidado físico debemos hablar de hábitos. Los hábitos son las rutinas que hacemos de forma casi automática y que nos benefician por «acumulación». Cenar verdura una noche no sirve de nada, el hábito de cenar verdura varias noches a la semana durante toda la vida puede librarnos de muchas visitas médicas[5].

<u>Diez hábitos saludables que deberíamos tener:</u>

Lo cierto es que no existen esos diez hábitos universales. Lo he escrito para llamar tu atención. Porque cada persona debe encontrar sus propios hábitos en función de su edad, su estilo de vida, sus puntos débiles, sus lesiones, etc. Aún así, he querido juntar diez hábitos que sirven

---

[5] El autor Daniel J. Martin tiene un par de libros muy interesantes dedicados a la formación de los hábitos y la autodisciplina en su serie «El poder de...».

a nivel general y que van acorde con lo dicho al principio del capítulo:

1. El hábito de hacer ejercicio adaptado a cada momento vital.

2. El hábito de dormir y descansar correctamente.

3. El hábito de seguir prácticas seguras para evitar lesiones y accidentes físicos.

4. El hábito de cuidar la piel durante toda la vida.

5. El hábito de no tomar medicamentos ni seguir terapias sin necesidad.

6. El hábito de mantener un peso saludable, pero no obsesionarnos con él.

7. El hábito de no castigar ni maltratar nuestro cuerpo.

8. El hábito de cuidar especialmente nuestros puntos débiles.

9. El hábito de mantenernos hidratadas.

10. El hábito de alimentarnos de forma saludable.

De los dos últimos vamos a hablar a continuación.

5.
Una alimentación saludable

«Que tu medicina sea tu alimento, y el alimento, tu medicina»

— Hipócrates

Voy a ponerme un poco técnica en este capítulo porque creo que es importante ser específica en algo tan fundamental como la alimentación. Para empezar, vamos a definir qué es la alimentación y vamos a diferenciarla de la nutrición:

- La **ALIMENTACIÓN** es la actividad que realizamos conscientemente mediante la cual ingerimos alimentos. Esta actividad empieza con la selección de un producto y termina cuando nos lo metemos en la boca, ya cocinado o preparado. Una vez el alimento está en nuestra boca, acaba el proceso de la alimentación y empieza el de la nutrición.

- La **NUTRICIÓN** es la reacción de nuestro organismo a lo que ingerimos, y empieza en el momento en que mezclamos un bocado con la saliva, masticamos y tragamos. Durante la nutrición, nuestro organismo asimila los nutrientes de un alimento y los convierte en sustancias útiles.

Como ves, la alimentación y la nutrición son dos fases del mismo proceso cuya línea divisoria es la boca. Podemos controlar la alimentación, pero no la nutrición, ya que es una reacción orgánica al margen de nuestra voluntad.

Vamos a centrarnos ahora en la primera fase. Una buena alimentación debería contribuir a:

- Reducir y evitar el mayor número posible de enfermedades y dolencias.

- Generar la energía suficiente para llevar a cabo las tareas propias de cada jornada.

- Mantener el equilibrio corporal a nivel de salud.

- Ralentizar la fatiga.

- Promover la recuperación y regeneración muscular tras las sesiones de ejercicio físico.

- Estimular los procesos de recuperación tras una lesión o enfermedad.

Teniendo en cuenta que esta es la fase que podemos controlar y que empieza con algo tan universal como la lista de la compra, vamos a hablar un poco más sobre ello.

¿Cómo es una alimentación saludable?

Tras años de experiencia y formación, estoy convencida de que nunca conseguiremos estar satisfechas con nosotras mismas mientras no adoptemos unos hábitos saludables en cuanto a alimentación. ¿Por qué? Porque la alimentación saludable también lleva un componente emocional muy importante. Saber que estás cuidando tu salud impacta positivamente en tu amor propio, al margen de los cambios físicos.

¿Cómo debería ser una alimentación saludable? Como siempre digo, depende de cada persona, pero en líneas generales, podemos señalar algunos aspectos incluidos en toda alimentación saludable:

- Verduras y hortalizas a diario.

- Fruta a diario (mejor si es baja en azúcar).

- Dosis correctas de proteínas (no necesariamente deben proceder de la carne, las legumbres también son fuente de proteínas).

- Dosis correctas de grasas saludables: aceite de oliva, pescado azul, frutos secos, aguacate, aceitunas, etc.

- Dosis correctas de hierro, potasio y otros minerales (muy presentes en verdura de hoja verde).

- Dosis correctas de sal (la sal es necesaria en su justa medida).

- Reducir o eliminar el azúcar refinado.

- Evitar el consumo de comida basura (enseguida hablamos de ella).

- Evitar el consumo de aceites vegetales refinados (como el de soja o el de maíz).

- Reducir la cafeína.

- Beber agua en vez de refrescos.

- Cocinar en casa o comer cocina casera.

- Dejar el alcohol para ocasiones especiales.

- Leer e informarse sobre alimentación.

- Prescindir de los suplementos vitamínicos si no hay una indicación médica específica.

Qué es la comida basura

Comida basura es cualquier alimento bajo en nutrientes de calidad y rico en grasas saturadas, azúcar y elementos químicos añadidos, es decir, que no están en el producto original. Suele ser un tipo de comida muy manipulada y procesada, a la que se han añadido aditivos artificiales o se ha manipulado su composición.

La comida basura también es la comida antinatural, sin valores éticos ni medioambientales: su producción no es sostenible a largo plazo, explota animales y trabajadores, y es cara (aunque parezca lo contrario).

Sabemos que no pasa nada por comer ocasionalmente comida basura, pero debemos ser conscientes de que en esa comida no hay los nutrientes que el cuerpo necesita. En su lugar, hay una gran cantidad de sal, de azúcar añadido y de componentes químicos que nuestro organismo tendrá que filtrar y expulsar.

Principales productos ultraprocesados (la base de la comida basura):

- Refrescos azucarados.

- Bebidas «energéticas».

- Zumos de fruta envasados (no contienen casi nada de fruta y sus vitaminas se han destruido durante la elaboración).

- Margarina (es grasa creada artificialmente).

- Comida precocinada: Nuggets de pollo, barritas de pescado rebozado y congelado, pizzas preparadas, sopas de sobre, etc.

- Bollería industrial, pan de molde y galletas.

- Snacks fritos.

- Palomitas.

- Embutidos industriales.

- Chucherías.

- Chocolates con menos del 75% de cacao.

La importancia de la hidratación

Nuestro cuerpo usa continuamente agua: entre otras cosas, el agua presente en la sangre es lo que utilizamos para transportar nutrientes y oxígeno a cada rincón de cada célula.

No hay que ser un genio para entender que la mala hidratación tiene consecuencias inmediatas. Algunas las notamos enseguida, otras «van por dentro» y tardan más en detectarse. Entre las primeras están:

- La fatiga.

- Los dolores de cabeza.

- El estreñimiento.

- La retención de líquidos.

- La piel seca.

- El mal aliento.

Pero hidratarse no se reduce a beber dos litros de agua diarios. Hidratarse bien pasa por:

- Beber agua regularmente durante todo el día, en pequeñas cantidades (no tragarse un litro entero a media tarde).

- Tomar frutas y hortalizas frescas y, las que se pueda, crudas.

- Compensar la deshidratación producida por el sol, el aire acondicionado, la calefacción, etc.

- Evitar el alcohol (¡deshidrata mucho!).

- Prevenir y compensar la pérdida de líquido previsto en las sesiones de entrenamiento.

¿Cómo se adelgaza?

Solo hay una forma de adelgazar: entrar en déficit calórico.

¿Qué significa entrar en déficit calórico? Significa ingerir menos calorías de las que el cuerpo necesita para mantener el peso que tiene. Hay tres estados:

- Superávit calórico (comer más de lo que quemas).

- Mantenimiento (balance perfecto entre lo que comes y lo que gastas).

- Déficit calórico (quemar más de lo que consumes).

Por ejemplo, si una mujer ingiere un total de alimentos equivalentes a 1.900 calorías diarias y quema 2.000, tiene un déficit de 100 calorías diarias.

Entrar en déficit calórico no es difícil, pero hacerlo correctamente para adelgazar de forma saludable sí lo es. Por eso hay que hacerlo bajo el asesoramiento de un profesional. Piensa que el déficit calórico se debe calcular y planear a lo largo de las semanas y los meses, y depende de factores como la edad de cada persona, su estilo de vida, el peso del que parte, etc.

Para adelgazar, además, hay que entender cómo funciona el IMC, el Índice de Masa Corporal.

¿Qué es el IMC?

Es la cifra que nos queda después de contrastar nuestra estatura con nuestro peso. Esta cifra nos indica si estamos dentro de los parámetros de peso saludables.

El IMC no mide si tenemos mucha grasa o poca, solo tiene en cuenta el peso general. Tampoco tiene en cuenta la edad, la raza ni el momento vital de cada persona, así que solo nos da una primera idea de nuestro punto de partida.

El IMC se obtiene dividiendo el peso en kilos (por ejemplo, 55), entre el cuadrado de la estatura en metros (por ejemplo, $1,65^2$). En este caso el IMC sería de 55 dividido entre $1,65^2 = 20$.

El IMC puede dar cuatro tipos de resultado según marca la OMS[6]: peso insuficiente, peso correcto o saludable, sobrepeso y obesidad:

- Por debajo de 18.5: Peso insuficiente.

- De 18.5 a 24.9: Peso correcto.

- De 25 a 29.9: Sobrepeso.

- De 30 a 34.9: Obesidad de grado 1.

- De 35 a 39.9: Obesidad de grado 2.

- Más de 40: Obesidad de grado 3.

---

[6] Organización Mundial de la Salud.

En este caso, el IMC del ejemplo anterior (20) es adecuado.

Alimentación y salud mental

No hay que saber de medicina para deducir que la alimentación también se relaciona con la salud mental.

Por ejemplo, una baja autoestima suele producir ansiedad, y la ansiedad nos empuja a buscar compensaciones para calmarla. A menudo, esta compensación está en la comida, especialmente en la comida azucarada. El problema es que, tras ingerir esa comida, también nos sentimos mal (nos sentimos culpables), porque sabemos que nos estamos perjudicando. Entonces aparecen los sentimientos de culpa e insuficiencia, que nos dan más ansiedad, y esto crea un ciclo.

Cuando nos alimentamos correctamente tal vez no eliminemos totalmente la ansiedad, pero estamos contribuyendo a:

- Mantener altos niveles de energía. Esto hace que nos sintamos más vitales, más motivadas y más capaces. Nos aporta gratificación y confianza.

- Mantener un peso adecuado y regular, lo que permite que nos veamos mejor estéticamente.

- Mejorar la piel, el cabello y las uñas, algo que también impacta en la percepción de nuestro aspecto.

- Escapar del bucle de la comida basura ligada a la ansiedad que acabamos de mencionar.

Está comprobado que una dieta rica en ácidos grasos omega-3, vitaminas del grupo B, proteínas y magnesio ayuda a combatir la depresión, la ansiedad y otros trastornos.

Mindfulness eating

Tal vez hayas oído hablar de este concepto. Y aunque te suene a moda, el *mindful eating* es milenario, lo único es que antes no se le llamaba así.

El *mindful eating* es una práctica cuyo objetivo es la plena conciencia del acto de comer. Esta toma de conciencia permite disminuir la sensación de hambre, disfrutar más de la alimentación, estar abierta a muchos más sabores y controlar el impulso de comer provocado por la ansiedad.

¿Cómo se realiza el *mindful eating*? Es más fácil de lo que parece. Se necesita:

- Disponer de tiempo de calidad para comer. Aunque solo tengas 15 minutos, haz que estén dedicados al 100 % para el acto de comer. Ni pensar en el trabajo, ni preparar la reunión de después, ni usar el móvil, ni hacer la lista de la compra.

- Estar atenta a lo que se come, ser conscientes de la temperatura, las texturas, el olor, etc.

- Si se come en compañía, hacer que la experiencia sea agradable y tranquila.

- Escuchar las señales del cuerpo antes, durante y después de cada comida. ¿Qué nos ha gustado y qué no? ¿Cómo ha respondido el organismo?

- No usar la comida ni como castigo (ayunos arbitrarios, reprimendas por habernos «pasado» el fin de semana, etc.), ni como regalo.

- No comer cuando se está estresada, triste o aburrida.

Si te habitúas a practicar el *mindful eating*, también te apetecerá más cocinar, tendrás más ganas de ir al supermercado, de probar cosas nuevas, de cuidarte más… Comer se convertirá en una fuente de placer y de salud, no en un fastidio.

La influencia de los estrógenos

Vamos a cerrar este capítulo hablando de un asunto que afecta de pleno a las mujeres: los estrógenos.

Los estrógenos son un grupo de hormonas que intervienen en todas las fases de nuestro ciclo reproductivo: pubertad, menstruación, embarazo y menopausia. ¿Qué relación tienen con la alimentación? Pues que el estrógeno participa activamente en el metabolismo de las grasas, es decir, regula la acumulación de grasa en nuestro cuerpo. Es algo así como un agente de tráfico de nuestra grasa. Cuando se da un desequilibrio hormonal, la capacidad del estrógeno para regular el «tráfico» disminuye y puede dar como resultado una mayor acumulación de grasa.

¿Qué puede provocar un desequilibrio hormonal? Algunos factores son naturales y no dependen de nosotras, pero hay uno que sí: la alimentación. Una mala alimentación puede disparar los niveles de estrógeno y hacer que se vuelva ineficaz. En este sentido, las carnes procesadas (como los embutidos), los productos ultraprocesados (la bollería, los refrescos), y las grasas de mala calidad (carnes fritas, snacks fritos, etc.), incrementan el nivel de estrógeno y pueden llegar a provocar un desequilibrio hormonal.

6.
El ejercicio físico

«Fitness isn't about building a better body. It's about building a better life»

— Jillian Michaels

Nuestro cuerpo es el único lugar que tenemos para vivir. ¡Y está bien así! En vez de criticarlo, reconozcamos de una vez que es una impresionante máquina dotada de alta biotecnología y miles de sistemas interconectados. Millones de células trabajan sin descanso para nosotras, muriendo en acto de servicio. Así que merece la pena cuidarlo. En este capítulo hablaremos de algo que siempre debería estar presente en nuestras vidas: el ejercicio físico.

Antes, vamos a introducir un concepto interesante: los llamados biotipos corporales.

Qué son los biotipos corporales

Los biotipos corporales hacen referencia a nuestra constitución corporal y se clasifican en tres grandes grupos: ectomorfo, mesomorfo y endomorfo.

Vamos a empezar con los **ECTOMORFOS**. Los biotipos ectomorfos son naturalmente delgados y tienen un metabolismo rápido. Suelen ser personas altas, con estructuras óseas estrechas, y poca grasa. A las personas ectomorfas les cuesta engordar, aunque coman lo mismo que las personas con otros biotipos. En cambio, sí suelen adelgazar con facilidad.

Pasemos al biotipo **MESOMORFO**. Las personas mesomorfas tienen un cuerpo equilibrado y musculoso, y pueden ganar o perder peso con facilidad. Corresponden a chicos y chicas con cuerpos naturalmente atléticos, fuertes y de apariencia saludable.

Y finalmente, el **ENDOMORFO**. Las personas endomorfas tienden a tener y acumular grasa corporal y llegan al sobrepeso con facilidad. Corresponden a personas con formas redondeadas. Ganan peso rápidamente, pero tienen muchas dificultades para perderlo.

Todos los biotipos pueden y deben moverse, levantar pesos y sudar. No hay un tipo de ejercicio que esté prohibido para ningún biotipo (excepto si hay indicación médica), simplemente tenemos que adaptar la intensidad, el volumen y la frecuencia a cada uno.

Una buena rutina de entrenamientos

Para diseñar una rutina de entrenamiento adecuada para ti, debes tener en cuenta tu biotipo, pero también, como siempre digo, tu edad, peso del que partes, etc. Lo mejor es que te oriente un profesional.

Aún así, aquí te dejo algunos consejos:

- Primero, debes tener en cuenta tu biotipo. Lo ideal sería combinar ejercicios de fuerza, resistencia, cardio y flexibilidad, pero dando más importancia a los que mejor vayan con tu biotipo. Si eres ectomorfa, te recomiendo ejercicios de fuerza más que de cardio para estimular el crecimiento muscular. Si eres mesomorfa te va bien el ejercicio físico que combine fuerza con cardio, ya que puedes ganar y perder peso con facilidad, y lo que te conviene es mantenerte regular. Y si eres endomorfa, te recomienda un tipo de ejercicio con mucho cardio.

- Después, debes tener claros tus objetivos y el punto del que partes. Por ejemplo: si tienes sobrepeso, el ejercicio debería ir enfocado a quemar grasa (hacer cardio y «sudar»). Si estás en muy baja forma y siempre estás cansada, deberías centrarte en rutinas de fuerza para desarrollar músculo, como el levantamiento de pesas.

- Sé realista. Diseña una rutina que se adapte a tu horario para que no la abandones. Necesitas algo que puedas mantener a largo plazo.

- Alterna, es decir, incluye diferentes grupos musculares, no solo brazos y piernas.

- Escucha a tu cuerpo. Presta atención a cómo te sientes durante y después de tus entrenamientos. Si experimentas dolor, fatiga o falta de progreso, necesitarás hacer algunos cambios en tu rutina de ejercicios.

Repeticiones y series

Todas las rutinas de entrenamiento se basan en una elección de ejercicios, un orden y las repeticiones y series de cada uno.

Las repeticiones son las veces que haces cada ejercicio. Las series son el número de veces que haces cada repetición. Lo óptimo es hacer de 8 a 10 repeticiones por serie. Así, si haces 3 series de 10 sentadillas, esto significa que harás sentadillas 10 veces seguidas (1ª serie), descansarás, y repetirás lo mismo 2 veces más (2ª y 3ª serie). En total, harás 30 sentadillas.

Descanso entre series: El descanso es parte del entrenamiento. Dependiendo de la intensidad de tu rutina y de tu condición física, el tiempo de descanso variará. Si descansamos 1 minuto después de cada serie tendremos tiempo para recuperarnos sin perder el ritmo.

Orden de ejercicios: Hay que alternar entre grupos musculares para que, mientras uno descansa, puedas ir trabajando otro.

7.
El autocuidado emocional

«Self-care is listening to all of our emotions like anger, joy, sadness and fear to make sense of what our inner GPS is trying to tell us»

— Dra. Stephanie Carinia

Si aceptar nuestro cuerpo ya es difícil, aceptar las emociones que nos avergüenzan nos supone un auténtico reto. Pero lo cierto es que todas las emociones son válidas. Justificar nuestros actos en base a ellas es lo que NO vale.

¿Qué son las emociones?

Las emociones son información sobre nuestra relación con lo que nos rodea. Igual que sentimos frío o hambre, también sentimos miedo, vergüenza, alegría o angustia.

Las emociones forman parte de la propia condición humana y es imposible no sentirlas. ¿Por qué algunas nos producen vergüenza y sentimientos de culpa? Porque chocan con lo «socialmente aceptado» o con nuestras creencias sobre lo que debería ser. Por ejemplo: nos incomoda tener envidia malsana porque eso nos hace sentir débiles o insuficientes. Pero esa envidia nos está diciendo algo acerca de nuestra propia frustración, y está bien escucharla. Las emociones que consideramos «molestas» o «negativas» nos dan una información igual de valiosa que las emociones positivas.

Tus emociones no vienen de la nada

Si bien es imposible controlar las emociones, sí podemos reflexionar sobre los pensamientos y creencias que las han provocado.

Te lo voy a explicar con un ejemplo. Imagina que estás en un lugar donde hace mucha falta que llueva porque hay mucha sequía. Imagina que empieza a llover. Supongo que sentirás emociones como alegría, alivio o esperanza, ¿no? Ahora imagina que estás en un lugar donde no ha parado de llover en días y ha habido graves inundaciones. ¿Qué sentirías si volviera a llover un día más? Supongo que sentirías decepción, frustración, tristeza, miedo… El hecho es el mismo, solo que nuestra información de la realdad y del contexto ha provocado que sintamos unas emociones u otras.

Ahora vamos a aplicar esto a las emociones que nos provoca nuestro cuerpo. Imagina que eres una mujer con sobrepeso. Tal vez eso te provoca emociones negativas acerca de tu aspecto. Sin embargo, ¿qué pasaría si estuvieras en una época anterior, cuando los cuerpos con más sobrepeso se consideraban los más atractivos y deseables? Pasaría que tus emociones serían distintas porque tus creencias acerca de cómo deberías ser serían otras.

Las emociones van ligadas a nuestra forma de entender el mundo. Las emociones que nos incomodan solo indican que hay un desajuste entre lo que hay y lo que creemos que debería haber.

¿Qué sientes normalmente?

Te animo a que hagas una lista de todas las emociones que conoces: amor, tranquilidad, alegría, deseo, tristeza, humillación, miedo, desprecio, asco… Busca información si tienes dudas sobre qué es y qué no es emoción y deja tu lista a mano.

Durante las siguientes cuatro semanas, te propongo que indiques en la lista cada emoción que sientes. Pueden ser emociones provocadas por tu cuerpo o tu aspecto, o por cualquier cosa, suceso o circunstancia de tu realidad. Intenta escribir un par de líneas sobre cada una sobre por qué crees que ha surgido y cómo te ha hecho sentir esa emoción. Al cabo de un mes, te darás cuenta de qué emociones sientes con más frecuencia. ¿Para qué te servirá esto? Te servirá para entender qué nivel de paz emocional y bienestar emocional tienes.

Trátate bien

Cerramos este capítulo con un recordatorio acerca de lo importante que es hablarnos a nosotras mismas con respeto y comprensión.

Cuando nos tratamos con comprensión (sin reproches, sin críticas feroces), construimos una base sólida de confianza sobre la que sí podemos crecer y mejorar. Pero si no lo hacemos, dejamos que las «malas hierbas» invadan nuestro jardín interior. Las palabras duras, los auto insultos y las críticas minan nuestro amor propio y nos afecta en todos los aspectos de nuestra vida.

8.
Los derechos sobre nuestro propio cuerpo

«No woman can call herself free who does not control her own body»

— Margaret Sanger

Cuidarnos y autorespetarnos también es asumir que tenemos una serie de derechos. Y no hablo solo del derecho a la libertad o la educación. Hablo de derechos más «sutiles», que tienen que ver con proteger nuestro bienestar emocional y nuestro cuerpo.

Desde pequeñas nos enseñan a respetar a los demás. Nuestros padres y maestros nos regañan si nos portamos mal con otros niños o no compartimos nuestros juguetes, y eso está genial, pero a veces pasamos por alto la parte esencial de reconocer los propios derechos. Porque tal vez un día no quieres ceder tus juguetes a otro niño. O no quieres darle un beso a la tía Teresa. Y está bien que sea así.

Cuando nos educan para ser obedientes, para gustar a los demás, para hacer cosas sin tener en cuenta cómo nos sentimos, aprendemos a invalidarnos y a rechazar nuestras emociones. Con el tiempo, asumimos como normal faltarnos al respeto o que otros lo hagan. Traicionamos a nuestro GPS interno.

En relación a nuestro propio cuerpo, son muchas las veces que nos traicionamos. Por eso es importante no olvidar que nuestro cuerpo tiene derechos y nosotras somos las encargadas de que se respeten.

Los derechos de tu propio cuerpo

Aunque no estén específicamente descritos en la Declaración Universal de Derechos Humanos, hay una serie de derechos que afectan directamente a nuestro cuerpo. Estos son los principales:

- El derecho a vestir y adornar nuestro cuerpo como deseamos, sin imposiciones por motivos culturales, religiosos, de género, etc.

- El derecho a negarnos a vestir de determinada manera para diversión y placer de otros[7].

- El derecho a no someternos a tratamientos terapéuticos o de belleza si no queremos, y menos a cirugías estéticas impuestas.

---

[7] El derecho a vestir como quieras no está reñido con ser respetuosa socialmente, por ejemplo, en un entierro u otro acto social convencional. Por supuesto, puedes ir vestida como quieras (nadie te va a denunciar), pero tu derecho no está por encima del derecho al respeto a los demás.

- El derecho a priorizar nuestra salud por encima del trabajo y de otras obligaciones.

- El derecho a recibir información rigurosa sobre nuestra salud.

- El derecho a rechazar interacciones físicas no deseadas o invitaciones sobre ellas.

- El derecho a usar nuestro cuerpo de la forma que queramos, con los únicos límites de los derechos de los demás.

- El derecho a la salud sexual.

- El derecho a la salud reproductiva (incluyendo el derecho a decidir el número de hijos y el intervalo entre ellos).

Supongo que ves que la mayoría de estos derechos se pisotean continuamente en el caso de las mujeres y las niñas. En parte, para eso se fundó la CEDAW, y está bien saber que existe. Te hablo de ella brevemente.

La CEDAW

En el año 1979, la Asamblea General de las Naciones Unidas aprobó la Convención sobre la Eliminación de Todas las Formas de Discriminación Contra la Mujer, la CETFDCM. Más conocida por sus siglas en inglés, la CEDAW está considerada el documento jurídico internacional más importante en la historia de la lucha sobre la discriminación de las mujeres, y ha sido ratificado total o parcialmente por la mayoría de los países. Como ya sabemos, en muchos de ellos la realidad es muy distinta de lo estipulado, pero los pasos que se han dado en este sentido son importantes.

En 2024, la CEDAW está presidida por la española Ana Peláez Narváez, una mujer ciega de nacimiento. Su figura a la cabeza de la organización demuestra que ni la discapacidad ni el género son impedimentos para el pleno desarrollo personal y profesional.

La CEDAW, y cualquier iniciativa en favor de la igualdad, también está para recordarnos que no somos mujeres «con mal carácter», «estrechas», «locas», «inestables», «perdidas» o «putas» por exigir que se respeten nuestros derechos.

No seas complaciente

A menudo, nosotras mismas renunciamos a nuestros derechos. Encajar en sociedad es tan complicado que sacrificamos nuestra libertad o nuestros deseos para ser aceptadas en uno u otro grupo social. Nos convertimos entonces en *people pleasant*: personas complacientes.

Por desgracia, muchas mujeres aprendieron a ser complacientes durante su infancia: unos padres inestables o abusivos las obligaron desde niñas a complacer para ser queridas. Ya hemos comentado que esas niñas tienen muchas posibilidades de repetir el patrón, y una vez adultas siguen negándose a si mismas con tal de recibir un poco de amor y aceptación.

Por supuesto que a todos nos gusta complacer en muchas ocasiones. De hecho, es necesario no solo para la convivencia, sino para el propio crecimiento personal. Pero debe ser un acto libre, no la consecuencia de un chantaje.

¿Cuándo complacer a los demás es un acto libre y cuándo es fruto del chantaje?

La diferencia está en el sabor de boca que nos deja: incluso si el acto en sí es el mismo (un inocente favor que nos pide nuestra pareja, por ejemplo), pueden suceder dos cosas:

- Si las emociones que nos genera son positivas –nos sentimos a gusto con nosotros mismas, orgullosas y satisfechas–, es un acto libre y por amor.

- Si nuestras emociones son más confusas –notamos alivio mezclado con inseguridad o sensación de traición a nosotras mismas–, entonces mucho ojo a lo que estamos haciendo.

¿Cómo dejo de ser complaciente?

Lo primero es observarte y empezar con pequeños cambios. Por ejemplo: no finjas tus gustos y preferencias en materia de ocio y tiempo libre. No asegures que tal película o cantante te encanta si te parecen bodrios. Deja de participar en actividades que no te apetecen si compruebas que nunca tienes la oportunidad de hacer las que sí te apetecen. Si tus iniciativas son siempre descartadas, o tus gustos no se tienen en cuenta, no te enfades: solo prepárate para marcharte de ahí.

No te comportes de una manera que te hace sentir incómoda solo porque «siempre ha sido así» o porque «si no lo hago, se enfadarán». Si solo te quieren de una manera, en realidad no te quieren de ninguna.

Algunos hábitos para respetarnos

1. No salir «a divertirnos» si no nos apetece.

2. No intimar con alguien más que hasta donde queramos intimar.

3. No dejar que nos conozca gente que no nos apetece que nos conozca.

4. No renunciar por sistema a las actividades que nos gustan.

5. No dar por hecho que le debemos relaciones sexuales, favores, tiempo o lo que sea a nadie.

6. No emborracharnos ni drogarnos.

7. No mantener relaciones tóxicas.

9.
El lenguaje de la ropa

*«What you wear is how you present yourself to the world,
especially today, when human contacts are so quick.
Fashion is instant language»*

— Miuccia Prada

La ropa es una potente vía de comunicación no verbal. Es un reflejo de nuestra mentalidad y dice mucho más de lo que creemos, ya que nuestra forma de vestir transmite intenciones, aspiraciones y estados de ánimo. ¡Aunque no sea nuestra intención! La ropa que nos ponemos a diario revela a los demás un montón de información sobre nosotras, lo queramos o no.

Por otro lado, la ropa no solo provoca reacciones en nuestro entorno: nos influye también a nosotras, llegando a modificar nuestro estado emocional y nuestra percepción de nosotras mismas. Diversos estudios demuestran que la forma de vestir afecta a nuestra manera de pensar, de sentir y de actuar.

Por ejemplo, la doctora Karen Pine, profesora de Psicología del Desarrollo en la Universidad de Hertforshire, en Inglaterra, realizó un experimento con sus alumnos: les pidió que llevaran una camiseta de Superman durante todo un día. Parece una tontería, pero los participantes se sintieron más confiados en sí mismos, más optimistas e incluso mejores que el resto de los estudiantes.

También se ha demostrado que, cuando estamos de buen humor, tenemos más posibilidades de ponernos accesorios y de elegir nuestra ropa favorita. En cambio, cuando estamos desanimadas, no nos apetece llevar la ropa que nos encanta, ni estamos para accesorios. Esto, a su vez, influye en nuestro estado de ánimo, ya que llevar nuestra ropa favorita y cuidar los detalles con accesorios suele ayudarnos a sentirnos mejor.

Seleccionar conscientemente nuestra indumentaria significa elegir cómo queremos que el mundo nos vea. Por supuesto, no podemos controlar lo que piensan los demás, pero sí podemos influir en su percepción.

Tener el control sobre la propia imagen, al igual que tener el control sobre lo que comemos, es una forma de llevar las riendas de una parte importante de nuestra vida. Y, una vez más, no se trata de obsesionarnos con la ropa, sino de hacer del acto de vestirnos una fuente de bienestar y satisfacción personal.

La moda como terapia

Dicho todo esto, no es de extrañar que en Estados Unidos ya hablen de la terapia de la moda y de las *fashion therapists*. Estas últimas son personas formadas para acompañar en el proceso de aumentar el bienestar, la confianza y la paz mental a través del armario.

Vestir bien no tiene que ver con la vanidad, sino con el respeto por uno mismo. Cuando elegimos ropa que nos gusta, que nos hace sentir cómodas y seguras, aumenta nuestra confianza y nuestro optimismo. Si sabemos seleccionar bien la ropa que realza nuestras mejores características, nos miraremos al espejo con más amor, complicidad y conexión con nosotras mismas, y no nos importarán tanto esos malditos «defectos».

¿Qué hay de cierto en la terapia de la moda?

Está claro que, como cualquier otra terapia, tiene sus límites y puede funcionar mejor en unas personas que en otras. No es ninguna solución milagrosa. Pero es interesante saber que se basa en la «dopamine dressing», es decir, que involucra la actividad bioquímica de nuestro cerebro.

- **Dopamine dressing:**

La dopamina, como sabes, es un neurotransmisor necesario para la buena relación entre células. Entre otras funciones, influye en la motivación, la recompensa y el estado de ánimo.

Pues bien, está comprobado que, cuando llevas las prendas de ropa que más te gustan, estás de mejor humor. Eso es porque, cuando seleccionas prendas que te dan alegría, que te reconfortan que te traen buenos recuerdos, etc., tu cerebro disfruta de una dosis de dopamina.

Por el contrario, la ropa que no te gusta, que es incómoda, que pica, que te aprieta demasiado, que te hace sentir disfrazada, que se ve en mal estado o de pésima calidad, etc., te absorbe energía vital.

Psicología del color en el armario

Existe una relación entre color y emociones. Y en la ropa, esto no es una excepción. Por supuesto, las asociaciones y los sentimientos son subjetivos, sin embargo, la idea de que ciertos colores tienen cualidades psicológicas ha sido objeto de investigación durante siglos, con resultados muy interesantes. De hecho, la cromoterapia, es decir, la aplicación de ciertos colores en la ropa o en el diseño de interiores para potenciar el bienestar, ha estado presente en civilizaciones tan antiguas como el Antiguo Egipto.

Dicho esto, hay cierto consenso en la actualidad acerca de los siguientes colores en nuestra cultura occidental:

- El naranja nos hace sociables, potencia nuestra autoestima y reduce la fatiga.

- El amarillo mejora la capacidad de concentración y sube la moral.

- El verde aporta serenidad y mejora la empatía.

- El azul aumenta la generosidad y la solidaridad.

- El rojo fomenta la determinación y la toma de decisiones importantes.

Dicho esto, debes elegir los colores que te hagan sentir genial a ti. A algunas personas les puede dar más felicidad el negro que el naranja, por ejemplo. Todo se trata de tus asociaciones psíquicas con cada tono en particular.

La alegría de vestir

La moda es una forma de expresión personal y emocional. Así que, a la pregunta ¿cómo debes vestirte para ser feliz?, la respuesta automática es esta: como te de la gana. Sin embargo, te puedes vestir como quieras y, a la vez, hacer que tu outfit trabaje para ti.

Estos son algunos consejos para elegir tu ropa:

1. **Elige prendas que te haga sentir bien cuando las llevas, al margen de marcas y tendencias.**

A todas nos ha sucedido: hemos comprado algo que creíamos que era para nosotras y se ha quedado muerto de asco en el armario. En cambio, tenemos «ropa insignia», ropa que siempre nos reconforta y nos resistimos a tirar. ¿Cómo es esa ropa? ¿Qué tiene? Analiza tu ropa favorita para identificar qué es lo que te aporta bienestar.

2. **Usa prendas que no te estresen.**

Si no eres de tacones, no te pongas unos a la fuerza. Si no soportas las tangas, no las uses. No te pongas algo que te obligue a estar cuidando cada movimiento. Viste ropa que te de tranquilidad. Créeme: si dedicas un tiempo a estudiarte, verás que hay mucha ropa con efecto tranquilizante además del chándal.

3. Asume riesgos de vez en cuando.

Prueba salir de tu zona de confort. Toma alguna decisión atrevidas con tu armario, eso te sorprenderá. Tal vez creías que tú nunca podrías ir con una gorra por ahí, y resulta que te encanta.

4. Cuida lo que usas.

Cuida tu ropa. Lávala correctamente. No dejes la ropa arrugada o húmeda durante días. Tener el armario en condiciones y saber que, cuando lo abres, encontrarás prendas bonitas y bien cuidadas te dará confianza y te hará más feliz de lo que crees.

5. Usa prendas alegres.

Aunque tu estilo sea sobrio, dale una oportunidad de vez en cuando a una prenda colorida, un detalle divertido o un accesorio creativo.

6. Despeja tu armario.

Deshazte de la ropa que nunca usas, de la ropa que odias, de la ropa que te ha quedado pequeña (y que está «esperando» a que adelgaces)… Abrir el armario debe ser una acción satisfactoria y emocionante, no un calvario.

Cómo encontrar tu estilo personal

El estilo es la forma en que comunicas y expresas tu personalidad a través de tu *look*, desde los zapatos hasta el peinado. Cuando tenemos un estilo personal definido, reflejamos una imagen más clara de quienes somos y cuáles son nuestros gustos.

Descubrir tu estilo personal es un viaje de autoconocimiento: no es solo una cuestión de moda, sino una forma de alinear tu exterior con tu interior. Busca inspiración en personajes públicos o gente a la que admiras y en tiendas de ropa de distintos tipos.

Aquí te dejo algunos tips para que el proceso sea más fácil y natural:

- **Autoevaluación**: Antes de buscar tu estilo, pregúntate cómo eres y con qué proyección de ti misma te sientes identificada. Reflexiona sobre tus gustos, tu estilo de vida y las metas que quieres alcanzar.

- **Inspiración**: Es muy interesante crear un *moodboard* a base de fotos de outfits que te atraigan. Puedes sacarlos de redes sociales, revistas y blogs de moda, teniendo en cuenta tus limitaciones económicas, de tiempo, ritmo de vida, etc.

- **Experimentación**: Debes pasar por una fase de ensayo y error, es decir, de probar a salir vestida de determinada manera y ver qué pasa, tanto a tu alrededor como en tu interior. No temas probar diferentes estilos, no estás «casada» con ningún estilo ni le debes nada a ningún tipo de indumentaria.

- **Color**: Trata de encontrar el equilibrio en tu armario y en tu día a día, aunque no seas exhaustiva (no tienes por qué incluir TODOS los colores del mundo en tu ropa). Identifica los colores que más te gustan, con los que te ves mejor en el espejo, etc.

- **Calidad**: Compra prendas que tengan un mínimo de calidad. Te mereces ropa que envejezca dignamente y que no esté hecha un cristo a la segunda lavadora. Es mejor calidad que cantidad, y es mejor gastarte un poco más de dinero que renovar continuamente tu armario porque la ropa es tan mala que se estropea enseguida.

- **Aliada**: La ropa debe aportarte confianza y debe ser tu aliada, no algo con lo que te sientes disfrazada.

Lo que opinen los demás está de más

La necesidad de aprobación de los demás es tan humana... No te voy a decir que puedes pasar de esa necesidad, porque no es cierto. Ahora bien, una cosa es sentir cierta necesidad de aprobación porque es natural querer formar parte de la comunidad o grupo, ser aceptada y gustar, y otra cosa es tratar de gustarle A TODO EL MUNDO.

Además, paradójicamente, mientras anhelamos gustar a todo el mundo, cuando alguien nos hace un cumplido, nos sentimos incómodas y no sabemos muy bien qué responder. Enseguida le quitamos importancia a lo que nos están elogiando. Si se trata de un elogio a nuestra ropa, enseguida decimos algo así como: «¿Esto?

Uy, es muy viejo». O «Pues me costó muy barato».

¿Por qué nos cuesta tanto aceptar un cumplido?

Solemos reaccionar mal ante un elogio porque no sabemos qué hacer con él. No queremos quedar como unas creídas ni arrogantes. Y enseguida intentamos corresponder de inmediato, lo cual queda forzado la mayoría de las veces.

La verdad es que solo hay una respuesta correcta a un halago, y es el agradecimiento. Es lo que merece la otra persona. No hay que justificar nada, no hay que dar explicaciones, no hay que lanzar ningún contra halago. Solo hay que dar las gracias. Cualquiera otra respuesta es desvalorar a la otra persona y a nosotras mismas.

Es cierto que algunos halagos son inapropiados o provocan situaciones incómodas. Pensamos: «¿Quiere ligar, pedirme un favor?». Yo creo que, si el piropo es educado y apropiado, está bien aceptarlo, incluso si sospechamos que es por interés. Igual que funciona la presunción de inocencia en un acusado, debemos creer en primera instancia que el elogio es sincero. Ya habrá tiempo de averiguar si es así.

Si alguien elogia algo de nosotros, es porque lo merecemos. Si lo hace con segundas intenciones, es su problema, no el nuestro, y tarde o temprano lo descubriremos.

Aceptar las críticas

Igual que aceptamos un piropo educado, debemos aceptar una crítica apropiada.

Se suele animar a la gente a que ignore las críticas, pero no soy partidaria de ello: yo creo que las críticas están para usarlas en beneficio propio. Es cierto que mucha gente critica con la intención de herir, invalidar o sabotear. Pero en también recibimos muchas críticas útiles. Por eso es importante que aprendas a manejarlas.

Además, como decía Aristóteles, solo hay una forma de evitar ser criticado, y es no hacer nada, no decir nada y no ser nada. Y para eso es mejor no salir de casa, ¿no?

Cuando aceptas que vas a ser criticada hagas lo que hagas, te liberas de la presión de gustar a los demás y del miedo a decepcionar: tanto lo uno como lo otro va a suceder en alguna ocasión.

Cuanto más críticas recibas, mayor es la prueba de que estás haciendo ruido y apuntando lo suficientemente alto como para levantar recelos. Esas críticas no deben detenerte. A veces, las críticas tienen como objetivo minar tu autoconfianza porque el éxito al que aspiras supone una amenaza para los demás. Recuerda esta frase: «Nunca serás criticado por alguien que esté haciendo más que tú, solo serás criticado por alguien que está haciendo menos o nada».

Cómo detectar las críticas útiles

Mi consejo es que escuches todas las críticas y detectes las que sean apropiadas, es decir, que no te generen rechazo, aunque digan algo negativo de ti. Generalmente, esas críticas vendrán de personas que saben del tema y que no te ven como una amenaza sino como alguien que está haciendo algo interesante, alguien con potencial y pasión que ahora mismo no está apuntando bien (y te ofrecen el motivo por el que es así). Esas son las críticas que hay que escuchar.

10.
Girl power: el empoderamiento femenino

«Las mujeres serán libres cuando tengan una definición positive de su sexualidad»

— Germaine Greer

Acabamos el libro dedicando el último capítulo al empoderamiento femenino.

¿Qué es el empoderamiento femenino? Es un proceso colectivo de cambio social para mejorar la inclusión y las oportunidades de las mujeres en la comunidad en la que viven, donde sigue existiendo una brecha de género. Este proceso se lleva a cabo aumentando la autonomía, la seguridad, la libertad y la confianza de las mujeres, tanto a nivel individual como colectivo. El empoderamiento femenino defiende, entre otras cosas, los derechos de los que hablábamos en el capítulo 8.

Cosificación y empoderamiento sexual

La mayoría de las chicas jóvenes muestras fotos de carácter semi-erótico en sus redes sociales, con posturas sensuales o insinuando complicidad sexual. También algunos bailes, como el twerking o perreo, son claramente de referencia sexual. En estos casos, ¿se trata de cosificación de la mujer o de ensalzamiento de su libertad?

Para saberlo, habría que preguntarse si la sensualización responde a una libre y orgullosa expresión del propio cuerpo, o a un acto sumiso cuyo objetivo es complacer la mirada externa. Dicho de otro modo: depende de si la mujer que hace eso es la que tiene el control total de su cuerpo tanto en ese momento como después, o si sus actos responden a objetivos que tienen que ver con la expectativa masculina que está al mando.

Qué es la sororidad

La sororidad se puede definir como la relación de solidaridad entre las mujeres en la lucha por su empoderamiento. Parafraseando a Marcela Lagarde[8], podemos decir que la sororidad es la búsqueda de relaciones positivas y de apoyo mutuo entre mujeres para contribuir a la eliminación de todas las formas de opresión y al empoderamiento vital de cada mujer.

La sororidad implica no pisarnos entre nosotras, no perjudicarnos unas a otras, dejar de criticarnos por todo, reconocer la libertad e

---

[8] Marcela Lagarde es una política, académica, antropóloga e investigadora mexicana, representante del feminismo latinoamericano.

individualidad de cada una para tomar el camino que considere, etc.

Algunos ejemplos de sororidad:

- No hacer *body shaming*, ni del cuerpo de otras mujeres ni del propio (con frases del tipo: «Estoy demasiado gorda, ¿verdad?»).

- Evitar reproducir mantras machistas que han ayudado a perpetuar la opresión, como que las mujeres somos inestables, demasiado emocionales, dramáticas, mentirosas, etc., o bien sobre los roles «propios» de nuestro sexo.

- No criticar ni juzgar a otras mujeres por el modo en el que eligen vivir su sexualidad.

- Evitar criticar a una mujer por su aspecto físico y forma de vestir.

- No mantener relaciones con hombres comprometidos en relaciones, es decir, no contribuir al engaño de otras mujeres.

- No apoyar la explotación o abuso de otras mujeres.

- No rivalizar con otras mujeres.

- No compararnos entre nosotras.

El mismo respeto que debes exigir para ti, debes exigirlo también para las demás. Está comprobado que la sororidad genera muchísima más paz, bienestar y metas que la competencia, la presión y el tratar de llegar más lejos en soledad.

FINAL

Y con esto hemos llegado al final. Me encantaría saber si la lectura te ha parecido interesante y si has encontrado algunas de las respuestas que andabas buscando.

En cualquier caso, yo te felicito.

Te felicito porque te has tomado la molestia de llegar hasta aquí, y eso significa que estás comprometida contigo misma. Es lo mejor que puedes hacer. Por mi parte, tengo poco que añadir, excepto recordarte que en nuestras imperfecciones reside nuestra autenticidad, nuestra humanidad y nuestra originalidad como mujeres. Deja de vivir para las expectativas de los demás, y empieza a cuidarte y a vivir para ti misma. Conviértete en una mujer fuerte e inspiradora, no en alguien que pasa la vida tratando de amoldarse a lo socialmente aceptado.

Recuerda también aceptar la realidad que no puedes cambiar en vez de empeñarte en controlar lo que no está en tu mano. Acepta tu realidad y quiérete a ti misma por encima de todo. No te falles ni te traiciones.

La vida es complicada, pero bonita

Mereces una buena vida. Pon todo de tu parte y verás que es mucho más maravillosa y mucho más profunda de lo que creías. Hay muchas «capas» de vida, no te quedes en las primeras.

En cuanto a tu cuerpo… Es tu nave nodriza, es tu cuartel general, es el lugar donde vives. Respétalo y conviértelo en tu templo. Si hay un camino para ser feliz, sin duda pasa por ahí.

Te deseo lo mejor.

Elisabeth

Tu opinión es muy importante

Como autora independiente que soy, tu opinión es muy importante para mí y para futuras lectoras como tú. Te estaría enormemente agradecida si me dejases **un comentario** en tu plataforma favorita diciéndome qué te ha parecido mi libro **para así poder seguir mejorándolo**:

- ¿Qué es lo que más te ha gustado?

- ¿Hay algo que hayas echado en falta?

- ¿A quién se lo recomendarías?

- …

¡Un regalo solo para ti!

¿Te gustaría leer **mi próximo libro completamente GRATIS**? ¡Escanea el código que aparece debajo y **apúntate a mi club de lectores**!

Te esperan grandes sorpresas: sé el primero en leer mis nuevos lanzamientos, escucha mis audiolibros de forma gratuita, consigue copias firmadas y dedicadas... ¡y mucho más!

Otros libros de Elisabeth Martin